Cose da Fare (e Vedere) Dopo la Pensione

L'Unico Manuale che Ti Farà Capire Quanto Sia Bella la Pensione, Tanto che Ti Pentirai di Aver Perso Tempo a Lavorare!

Mao Tze Tze

INDICE

Introduzione

Caro/a pensionato/a,

forse fino a poco tempo fa faticavi ad immaginare come potesse cambiare la tua vita dal momento in cui saresti entrato in pensione, però consolati pensando che sicuramente non sei l'unico, e che è un momento molto particolare e tutto da vivere; niente è finito, ma sicuramente qualcosa di bello comincia. Avrai molto più tempo da dedicare a te stesso e alle tue passioni, come ad esempio leggere, o chissà… forse preferisci guardare i cantieri. Sicuramente non ti giudicherò se preferisci osservare i cantieri piuttosto che vedere la tv o giocare a carte, ma sappi che è davvero molto divertente pensare di stare giornate intere a vedere i cantieri!

Ad ogni modo…al giorno d'oggi c'è un po' questo modo di pensare che quando si arriva ad essere in pensione allora si è vecchi, ma chi l'ha detto? Voglio dire, andare in pensione a 65-66 anni è ridicolo, ancora si hanno i brufoli a quell'età! Ma scherzi a parte, sono qui proprio perché voglio farti capire quante cose e bei momenti ancora ti aspettano lungo il tuo percorso di vita. Purtroppo, molti hanno la mentalità di pensare che una volta arrivati alla pensione, si è giunti al momento di poltrire tutto il giorno sul divano, ma posso dirti, non c'è nulla di più sbagliato! Se hai acquistato questo libro, credo e spero vivamente che tu non sia di questo pensiero e, nel caso lo fossi, sono sicuro di poter farti cambiare idea!

Probabilmente ti sei fatto un gran mazzo per meritarti di stare al punto in cui sei arrivato, perciò non ti rimane che godertelo al massimo e viverti ogni singola piccolezza che ora ti regala il tempo a tua disposizione. Dunque, se sei alla ricerca di qualche spunto o idea su cosa fare o vedere in questo momento della vita, eccoti nel posto giusto.

50 COSE DA FARE

Vorrei partire proponendoti 50 preziosi spunti per sfruttare al massimo il tempo, fornendoti così tutto il necessario per non subire nemmeno un attimo di noia. Non abbiamo nulla da perdere, no? Allora cominciamo subito!

1. Dedica il tempo alla tua famiglia

Sicuramente non è mai stato facile conciliare gli impegni lavorativi con il tempo che volevi dedicare alle persone più care a te, dagli amici alla famiglia. Avrai rinunciato a tanti bei momenti nella vita per dare la priorità al dovere piuttosto che al piacere, ma ora è arrivato l'attimo di non rifiutare mai un invito e cogliere ogni occasione per trascorrere dei sereni momenti con la tua famiglia! Non c'è niente di più bello di una domenica a pranzo con tutti riuniti, dai più piccoli ai più adulti. Come iniziare? Semplicissimo, il modo migliore per cominciare a vivere questo periodo di tranquillità è organizzare una festa e annunciare a tutti che finalmente ti sei guadagnato la pensione. Inizia a sperimentare un po' di più la cucina e mostra a tutti cosa sai fare, potresti andare con la classica lasagna al ragù, oppure una buona pasta al sugo.

2. Sii il migliore nonno/a del mondo

Cosa c'è di più bello di goderti dei piccoli bambini

innocenti che non pensano ad altro che giocare e divertirsi? No, nemmeno i cantieri supererebbero la bellezza e la spensieratezza che dà lo stare con i propri nipotini! Dedica più tempo possibile a loro e cerca di trasmettere i migliori insegnamenti che la vita ti ha donato, solo così il mondo può essere un posto migliore per tutti. Se hai dei nipotini, ti renderai conto tu stesso di quanto possa essere piacevole vivere certi momenti con loro, i quali talvolta ti porteranno alla memoria quegli anni in cui tu sei stato genitore. Non ti mancherà sicuramente l'occasione per essere di grande aiuto anche per i tuoi figli aiutandoli a crescere i loro piccoli, e pensare al ciclo della vita, così naturale e spontaneo. Tuttavia, non ti preoccupare se non hai figli o nipoti, perché di cose da fare in pensione ce ne sono a valanghe!

3. Adotta un amico peloso

Probabilmente una delle cose che mette più paura in una fase avanzata della vita, è rimanere soli, e per questo credo che il consiglio che ti sto per dare sia molto prezioso e debba assolutamente essere considerato. Magari ci avevi già pensato, o magari no, ma avere un cagnolino o un gattino che fanno compagnia può essere una vera e propria terapia al sentimento di solitudine. Magari hai talmente tante persone che ti vogliono bene e che ti stanno attorno che non ci avevi pensato, però è comunque una bellissima cosa da fare... Inoltre, ci sono tanti cuccioli che vengono abbandonati e che farebbero di tutto pur di avere un tetto sicuro e qualcuno che gli voglia davvero bene. Magari il cane o il gatto non sono la soluzione perfetta, però certamente sono due animali molto affettuosi ed empatici con l'uomo; in alternativa potresti pensare ad un piccolo canarino o un coniglietto nano.

4. Ristruttura casa

Oltre a vedere le ristrutturazioni delle strade e i cantieri attivi sette giorni su sette, cosa ne pensi di crearti il tuo cantiere personale direttamente a casa? Mi prenderai per pazzo forse, ma ti spiego subito cosa intendo. Con alte probabilità, la casa in cui vivi attualmente è una casa in cui hai dimora da molti anni, perciò forse è arrivato il momento di darle una rinfrescata a modo. Avere un ambiente nuovo e modernizzato intorno a te, ti stimolerà molto di più e ti renderà molto più consapevole del fatto che il periodo che stai vivendo deve essere trascorso in attività, non in modo passivo. Parlando in termini più concreti, se per esempio pensi di essere bravo ad utilizzare colori e vernici, potresti pensare di decorare il tavolino in salotto o decorare qualche vaso all'entrata di casa. Se la pittura non è la tua passione, forse preferisci lavori molto più manuali come ad esempio la lavorazione del legno e quindi, la creazione di una panchina da tenere in giardino, o un tavolo da esterno in cui passare le serate calde estive. Se invece proprio non ti piace creare qualcosa di nuovo, la soluzione più semplice è semplicemente trovare una nuova disposizione dei mobili all'interno della casa. Forse sembra scontato, ma una volta fatta questa cosa ti sentirai molto meglio, in quanto questo processo stimola molto la tua creatività e crea un ambiente più motivante per la vita di tutti i giorni.

5. Decora casa

Oltre a ristrutturare, perché non decorare la casa? Potresti accorgerti che nel tuo ambiente quotidiano manca qualcosa o che i colori che ti circondano non ti piacciono abbastanza. Questo è il momento perfetto per apportare delle modifiche, che potresti far fare da qualche esperto, ma in realtà è molto più soddisfacente se lo fai tu. Forse ciò che è da cambiare non è il colore, e nemmeno la disposizione dei mobili, ma magari si tratta dello stile; cambiare lo stile significa un po' stravolgere tutto, perché riguarda un po' la visione completa dell'ambiente, ma magari ti senti un po' folle dentro e non ti farai problemi a stravolgere interamente l'atmosfera che respiri ogni giorno. Al giorno d'oggi va molto di modo lo stile minimale, ma non si tratta solo di una questione estetica, ma addirittura una scelta salutare. Secondo alcuni studi, infatti, vivere in una casa senza troppe cianfrusaglie inutili può essere una vera e propria terapia per chi soffre di ansia e si sente oppresso dai ritmi incalzanti della vita. A questo punto della vita, potresti esserti ritrovato ad avere un numero non poco indifferente di oggetti inutili e di cui fai fatica a sbarazzarti, però posso assicurarti che non tutto è cosi essenziale, e che creare nuovi spazi dà una sensazione molto piacevole e liberatoria.

6. Coltiva il tuo orto

Finora ci siamo riferiti quasi completamenti agli interni della casa, ma cosa possiamo fare invece all'esterno? Se hai un bel giardino potrai sicuramente impegnare il tuo tempo a prendertene cura e praticare una vera e propria attività di giardinaggio. Nel caso ti rendessi conto di possedere una parte di terreno particolarmente adatto alla coltivazione di frutta e verdura, perché non coltivare il tuo orto personale? Mangiare salutare è fondamentale, e riuscire a crearti i tuoi stessi nutrimenti sarà sicuramente gratificante e ti dirò, ti sembrerà anche tutto più buono! Può diventare una vera e propria passione e prendere davvero molto tempo, perché la natura è preziosa e va curata. Attenzione però a non esagerare! Metti sempre la salute al primo posto e non esagerare, non mettere troppo alla prova il tuo fisico; ad esempio, evita le ore calde del giorno!

7. Scopri il mondo della cucina

La parola cucina dentro di sé nasconde un mondo e mille sfaccettature. Molto spesso, nell'arco di un'intera vita, può capitare di non dare particolarmente importanza ad un'alimentazione costituita da cibi freschi e preparati in casa, in quanto molti tipi di impieghi tolgono molto tempo e causano stress; la conseguenza diretta si verifica in cucina, infatti c'è un detto che ricorda "noi siamo quello che mangiamo", sai cosa significa? Probabilmente se hai passato una giornata molto stressante a lavoro, ti sarai buttato su cibo spazzatura che contiene talvolta dei costituenti che creano in qualche modo una sensazione di felicità, e a volte dipendenza. Il cioccolato, ad esempio, è una di quelli. Se invece ti senti in forma e in qualche modo assorbi ed emani solo energia positiva, allora forse sarai più propenso a essere salutare e a prenderti cura del tuo corpo rispettando una sana alimentazione. A proposito di cucina, sono sicuro che ci sono migliaia di ricette particolari, e perché no, anche molto semplici, che non hai mai avuto l'opportunità di sperimentare. Che stai aspettando? Sfoglia un libro di ricette, fai la spesa e dai tutto il meglio che c'è in te!

8. Segui le tue serie tv preferite

Al giorno d'oggi trovare una serie tv che appassiona non è per nulla difficile, talmente sono tanti i mezzi da cui possiamo scoprirle, che ormai c'è l'imbarazzo della scelta. Potresti provare a confrontarti con i tuoi parenti o con i tuoi amici e intraprendere un discorso sul cinema e sulle serie tv che più piacciono, così da poter condividere le tue opinioni e cogliere qualche nuovo spunto per iniziare a guardarne una nuova. Certo, non è un tipo di attività che dovresti praticare per ore e ore, perché si sa, stare troppo davanti alle luci blu non fa per niente bene! Magari guardati due episodi e poi esci a farti una pausa…che so, magari a goderti il cantiere nato pochi giorni fa nel tuo quartiere! Lo so, ho nominato i cantieri mille volte, ma non mi stancherà mai il pensiero divertente associato ad esso! Tornando a noi, cerca di capire qual è il tuo genere di serie tv preferita ed immergiti completamente! Non c'è niente di più coinvolgente di questo.

9. Rimani aggiornato

Se è vero che sei ufficialmente pensionato, sarà altrettanto vero che comunque vivi sempre all'interno di una società, il tempo continua a scorrere e nulla finisce. Un mio suggerimento fondamentale è quello di rimanere sempre aggiornato su fatti di attualità che possono aiutarti a renderti consapevole di come la società in cui tu per molto hai vissuto si sta evolvendo. Deve essere molto interessanti poter fare paragoni con il passato e rendersi conto di come le cose possano cambiare in un arco di tempo molto limitato. Fino a ieri stavi andando a scuola... e ad un certo punto ti sei ritrovato in pensione! Ok...forse non è stato veramente così veloce il passaggio, ma ad ogni modo è bello vedere le cose cambiare, nella speranza che siano sempre cambiamenti in meglio. Come potresti rimanere aggiornato? Sicuramente il metodo più normale in assoluto è il tg in televisione, ma nulla esclude che tu possa essere particolarmente tecnologico e appassionarti a fatti di attualità, economia o politica attraverso il web. Fai attenzione a non cadere nelle "fake news", o "bufale" o comunque sia, notizie false. Assicurati di confrontarti con più fonti e accertarti che una notizia di vera prima di diffonderla! Quasi dimenticavo, c'è ancora il nostro caro vecchio giornale preso in edicola il mattino con il caffè, beh...perché no?

10. Leggi

Ma che onore! Probabilmente se stai leggendo questo libro è perché uno dei tuoi hobby è la lettura...o forse no, forse eri solo troppo annoiato da convincerti a comprare un libro che ti suggerisse come dimenticarti la noia che provi. Beh, ad ogni modo la lettura può risultare una soluzione davvero molto interessante, in quanto grazie ad essa si possono trascorrere dei momenti diversi in base al tipo di libro scelto: un libro può essere motivazionale, oppure fornire un insegnamento, o semplicemente può essere letto per il piacere di farlo. Leggere è un tipo di attività che stimola molto la mente e permette al cervello umano di stare sempre attivo. Ormai ci sono centinaia di modi per leggere un libro, ma per me il migliore rimarrà sempre l'esperienza di poter annusare le pagine corpose di un libro e percepire la ruvidezza di una pagina.

11. Ascolta audiolibri

Beh, diciamo che ho previsto anche il fatto che leggere potrebbe non essere esattamente la soluzione adatta a te. Leggere è un'attività molto stimolante per il cervello come ho già detto, ma nel lungo periodo potrebbe essere anche un po' stancante per gli occhi. In questo particolare caso, la miglior cosa per te è andare al più vicino negozio di elettronica ed acquistare un lettore di audiolibri. Non so se ne avevi mai sentito parlare, ma attraverso questi dispositivi scegli il libro che vuoi "leggere", ma anziché stancare la tua vista, metterai in allenamento il tuo udito. Ebbene sì, puoi pensare di collegare il lettore di audiolibri ad un amplificatore oppure a degli auricolari Bluetooth, ed il gioco è fatto. Ascoltare audiolibri porta anche un prezioso beneficio che in età avanzata è molto importante: infatti, grazie a questo tipo di attività, riuscirai a sviluppare una forte capacità di concentrazione. Oltretutto, puoi ascoltare romanzi, ma anche libri più tecnici per esempio sull'economia, o la meditazione.

12. Ascolta musica

Se il mio precedente suggerimento riguardava l'ascoltare gli audiolibri, non posso che citare anche una delle attività preferite in tutto il mondo: ascoltare musica. Potresti semplicemente rilassarti e accendere la radio, oppure ascoltare la tua musica. Che tipo di musica potresti ascoltare? Beh, la risposta sta sicuramente dentro di te perché ognuno di noi è fatto a modo proprio e ciascuno ha un genere di musica che preferisce. Magari sei indaffarato anche nella tua vita da pensionato, ma sono sicuro che il tempo per ascoltare la musica lo puoi trovare di certo, ad esempio, facendo pulizie in casa o giocando a un gioco da tavolo. Piacevoli sensazioni possono scaturire dentro di te se scegli di rivangare nel passato e riascoltarti i pezzi che hanno marcato i momenti più significativi della tua vita, o che semplicemente ti ricorda quella percezione di spensieratezza. In alternativa, non possiamo dire che di musica non ce n'è da ascoltare, anzi abbiamo proprio l'imbarazzo della scelta!

13. Impara a suonare uno strumento

Ascoltare musica è sicuramente un'attività rilassante e gradevole, ma ti assicuro che saper suonare uno strumento proprio non ha prezzo. Ti chiederai forse...ma che ci faccio a 60 anni a suonare uno strumento? Beh, spero proprio che la vita ti abbia un po' insegnato che se una persona ha un obbiettivo, dovrebbe fare di tutto per raggiungerlo. Attenzione però, mica ti sto dicendo che è il momento di illuderti che tu possa fare qualcosa che non riuscirai a fare! Assolutamente no! In realtà molte persone imparano a suonare in età avanzata, semplicemente perché prima non ne avevano il tempo. Secondi alcuni studi scientifici, suonare uno strumento è una capacità che permette a tutti i sensi dell'essere umano di svilupparsi, a tal punto che chi non suona uno strumento molto probabilmente non ha lo stesso modo di pensare di un musicista. Inoltre, ti permette di allenare la tua memoria e di creare degli attimi di profonda concentrazione, soprattutto inizialmente che dovrai apprendere come funziona il tutto. Un po' credo di poterti leggere nella mente, e forse quello che potresti pensare in questo momento è che questa è un'idea che può sembrarti totalmente fuori dalle righe e che non sai da dove iniziare. Beh, te lo do io un primo spunto: ascolta un po' di musica e capisci qual è lo strumento che più ti emoziona e che vorresti imparare a suonare, dopodiché convinciti e iscriviti immediatamente ad un corso. Non sto dicendo che a questo punto è fatta, perché comunque è giusto non farti sopraffare dalle tue aspettative e che tu ti prenda il tempo che ti serve. Tutto ciò che ti serve è buona volontà e spirito di iniziativa!

14. Iscriviti ad un corso

Se la musica non è esattamente il percorso che fa per te, è il momento di pensare ad un qualsiasi altro corso che ti faccia appassionare e che ti renda felice di ciò che stai imparando. A questo punto le scelte sono veramente tantissime, si va dalla cucina, al cucito, alla fotografia ecc...L'importante è che tu non parta MAI con il presupposto che "tanto non ce la farò mai", perché è esattamente lì che sbagli. Anzi, ricorda che volere è potere e che non è assolutamente mai troppo tardi. Non per forza devi andarci da solo, puoi cercare di convincere il tuo compagno/a o qualcuno dei tuoi amici, vedrai che in questo modo sarà molto più divertente e stimolante, sia per te che per loro.

15. Fai stretching

Sappi che non c'è nulla di più salutare di sfruttare le prime ore della giornata per fare del bene a se stessi. Alcuni lo chiamano stretching, altri risveglio muscolare, ma il concetto è lo stesso. Fare attività leggera e tenere attivo il nostro corpo è di grande importanza, per questo ti consiglio di farne una vera e propria abitudine. Non si tratta di saltare o fare aerobica, ma soltanto di fare dei piccoli esercizi in modo tale da rilassare la muscolatura e cominciare la giornata nel migliore dei modi. Per esempio, potresti sgranchirti il collo dopo lunghe ore di sonno nella notte e fare dei movimenti circolari in avanti e all'indietro con le braccia. Non ci sono tempi e non c'è fretta, quindi prenditi il tempo che pensi sia più giusto e sfruttalo per fare del bene a te stesso. Potresti decidere di basarti sugli esercizi, quindi decidi il tipo di esercizi da fare ogni mattina e ti prendi i tuoi tempi per concluderli, oppure in alternativa decidi che il tuo allenamento sarà di mezz'ora e che in quella mezz'ora ti impegnerai per fare quanti più esercizi possibili. Se non sai proprio da come iniziare, potresti iscriverti a qualche corso o semplicemente vedere qualche video in Internet.

16. Dedicati ad una particolare attività

Ci sono diverse attività in cui potresti essere specializzato, e magari proprio una di quelle sarà il motivo per cui avrai poco tempo per trascorrere il tuo tempo diversamente. Molte persone approfittano del periodo della pensione per esercitare delle attività molto interessanti che prima non sono riusciti a praticare, come ad esempio la caccia o la pesca. Un consiglio importante che ti voglio dare però. È quello di fare attenzione a non recare mai problemi o danni alla natura perché essa è preziosissima e si merita tutto il nostro più positivo contributo. Purtroppo, al giorno d'oggi anche fare caccia o pesca in modo sbagliato può recare problemi all'ambiente, ed è per questo che ci tengo. Ad ogni modo, sentiti assolutamente libero di impiegare il tempo che preferisci, e trova l'attività più adatta a te, perché se prima avevi sempre una scusa per non iniziare, questo è sicuramente il momento più adatto!

17. Fai sport

Chi te lo dice che il tuo corpo non è in grado di reggere anche ritmi più incalzanti? Sono partita dal consigliandoti il risveglio muscolare, al fare qualche attività, fino ad arrivare al livello tre, quello dello sport. Ci sono molti pensionati che decidono di sfruttare al meglio le forze fisiche che rimangono attraverso la passione per uno sport in particolare, dal tennis, al ciclismo, un po' di acquagym, oppure il golf. Se senti di potertelo permettere, cerca di essere il più costante possibile in questo tipo di attività, perché potrai trarne solo benefici: i due principali riguardano il miglioramento della salute cardiovascolare e muscolare e riduce il rischio di malattie croniche. A questo punto non ti rimane che capire quale sia il giusto livello di sforzo fisico per te, ricorda che anche solo una passeggiata al giorno per accamparti nel tuo punto d'osservazione preferito del cantiere può essere una buona idea!

18. Allena la mente

Probabilmente ti sto un po' stressando con questa idea di doverti allenare, però sappi che lo faccio solo per il tuo bene e, che una volta provato, capirai che la sensazione che ti regala condurre uno stile di via del genere è più che gratificante! Come avrai letto dal titolo di questo paragrafo, non sto più parlando di fare sforzi fisici, bensì mentali. È fondamentale capire che questi due tipi di benessere devono essere equilibrati per riuscire a condurre una vita molto bilanciata. Allenare la tua mente potrebbe essere più facile di quanto pensi, per esempio se hai un nipotino piccolo alle prese con le prime addizioni, potresti aiutarlo tu a fare i compiti. Ma se invece preferisci allenare la mente ritagliando un po' di tempo solo per te stesso, allora ti consiglio di farti una bella passeggiata fino all'edicola più vicina per acquistare qualche cruciverba, sudoku o libricini di rompicapi! Se sei una persona che ama sfidare se stesso, sicuramente questo è un bel modo di farlo. Ma in realtà, sarebbe anche molto bello riuscire a creare un momento di gioco con la tua famiglia in cui tutti propongono qualche indovinello, è molto divertente e allo stesso tempo stimolante per il cervello!

19. Poniti degli obbiettivi settimanali

Sempre in ambito di sfida a te stesso, ti consiglio di porti degli obbiettivi settimanali. Questo parte del presupposto che essendo in pensione, probabilmente non farai più troppo caso a che giorno della settimana si è, o il giorno esatto, perciò tenere un calendario aggiornato e fissandoci degli obbiettivi settimana dopo settimana, è sicuramente una buona soluzione. Se vuoi segnarti di quel cantiere che inizierà tra due settimane va benissimo, però cerca anche di inserire degli obbiettivi che riguardano te in prima persona. Tra parentesi, giuro che prima o poi smetterò di nominare i cantieri (forse). Tornando a noi, cosa intendo esattamente per obbiettivi che riguardano te in prima persona? Beh semplicemente fai un'analisi di te stesso e cerca di capire se c'è qualcosa di te che vorresti cambiare, ad esempio ti viene in mente di voler cambiare colore di capelli, o di voler perdere 2 chili, o ancora di voler completare la casetta per gli uccellini da mettere in giardino. Fissa una scadenza per tutto, e tutto sarà molto più semplice, te lo assicuro!

20. Se hai molti risparmi, investi

Vorrei ora approfondire un po' l'aspetto economico dell'essere in pensione, in modo tale da farti capire che davvero nulla si è concluso. Se ti accorgi di avere un po' di risparmi da parte, forse la miglior cosa da fare potrebbe essere investirli per te stesso o per i tuoi figli. Sta a te stabilire che tipo di priorità dare al tuo capitale, ad esempio potresti utilizzarli per comprare una villetta al mare per trascorrere le estati calde, oppure potresti acquisire degli appartamenti da affittare, o ancora potresti pensare di fare qualcosa per i tuoi figli. Poi ovviamente ognuno ha il suo modo di pensare, e quindi investire i risparmi potrebbe essere una cosa che non ti interessa, però darsi una possibilità di pensarci e ragionare se possa essere conveniente o meno, non fa di sicuro male a qualcuno, o sbaglio?

21. Fai l'autista privato

Ok, forse letto così potrebbe sembrare una pazzia, ma ti assicuro che non lo è. Ci sono moltissime persone che una volta in pensione, decidono di reinventarsi in qualsiasi modo pur di continuare ad avere un'entrata di cassa. Beh, sappi che se te la cavi bene alla guida, c'è una soluzione che sicuramente fa per te. Al giorno d'oggi, soprattutto nelle grandi città, un servizio molto utilizzato è quello del trasporto via taxi, soprattutto quello di compagnie private. È davvero molto semplice diventare un autista privato, infatti tutto quello che ti serve è un'auto di tua proprietà e una patente che ti permetta di guidarla: il gioco è fatto! Ti basteranno pochi passaggi, e in poco tempo avrai le notifiche direttamente nel tuo cellulare, in cui ci sono tutte le richieste per un "passaggio" nei luoghi intorno a te. Assicurati di avere tutto in regola e parti!

22. Apri un Bed & Breakfast

Magari non ci avevi mai pensato, ma devi sapere che c'è

un modo molto semplice di sfruttare appartamenti o case di tua proprietà per ottenere un'entrata economica sicuramente non indifferente. Potresti realizzare un vero e proprio Bed & Breakfast e accogliere turisti e persone che vogliono trascorrere qualche giorno sereno in vacanza. Ovviamente dovresti pensare di fare un'analisi accurata per capire quali sono le risorse che realmente hai e come sfruttarla al massimo, in modo tale da capire a quale pubblico in particolare vuoi rivolgerti, per esempio se hai una casa in campagna potresti pensare alle coppie, oppure se hai una grande villa potrebbe essere l'ideale per una settimana di vacanza per gruppi di amici. Non è detto che debba fare tutto, ma delegare in questo caso potrebbe essere essenziali ai fini di una buona riuscita del progetto. Se pensi che questo possa essere un progetto abbordabile secondo le tue possibilità, allora studialo a fondo e fatti aiutare nella realizzazione di un progetto tutto tuo!

23. Vendi consulenze

Magari ti sei ritrovato in pensione senza nemmeno volerlo, ma solo perché l'età anagrafica te lo ha imposto, e quindi per te lavorare era meglio di fare il pensionato: in questo caso potrei fornirti uno spunto molto importante. Se ti senti ancora nel pieno delle tue energie e hai voglia di aiutare altre persone nel settore per cui hai lavorato da anni, potresti pensare di organizzare delle consulenze per fornire le conoscenze che hai assorbito nei tuoi numerosi anni di esperienza e per dare un'idea solida e chiara del settore in questione. Avendo lavorato molti anni per uno stesso settore, è quasi certo che tu ne abbia quasi subito l'evoluzione, avendo così l'opportunità di osservare come le cose sono cambiate nel tempo e quali sono i consigli migliori che potresti fornire a chi vuole entrarci oggi. Se non sai da dove iniziare, affidati ad un commercialista che ti possa seguire passo dopo passo per ricreare quel tuo piccolo mondo al quale proprio non puoi fare a meno.

24. Costituisci un'organizzazione no profit

Chi ha detto che il tuo scopo in questa Terra è stato raggiunto e che non hai più niente da dare alle future generazioni? Beh, se non ragioni così allora sei già un passo avanti, ma se la tua mente sfiora solamente il pensiero di non avere più spazio nella società per lasciare il segno, allora inizia a cambiare prospettiva. Proprio perché hai più anni di esperienza rispetto a molte altre persone, sei una persona sicuramente ricca di risorse e buoni insegnamenti. Se ti senti di voler sostenere una causa o lanciare un messaggio alla società odierna, provaci costituendo un'organizzazione no profit. I problemi sociali attualmente sono davvero tanti, e se ce n'è uno in particolare che ti colpisce o che ha segnato direttamente la tua persona durante il percorso di vita, allora questo è il momento giusto per far sentire a tutti la tua voce e sostenere la buona causa per cui vuoi combattere. Aprire un'organizzazione di questo tipo in Italia non è difficile, l'importante è che tu creda veramente in ciò che fai e che trovi delle persone pronte a sostenerti. Scrivi un manifesto che racchiuda l'anima della causa per cui combatti e inventa un bel nome che attragga l'attenzione della società. Insomma, i passaggi sono pochi e semplici mentre i problemi sociali sono tanti e complicati, quindi che cosa stai aspettando ancora?

25. Fai volontariato

Se il tuo animo non è cosi intraprendente da costituire un'organizzazione no profit, potresti comunque pensare di voler dare il tuo contributo alla società, in un modo o nell'altro. Beh, sicuramente saprai già che ci sono tantissime associazioni che si occupano di volontariato in Italia, e che aiutano molte persone che hanno bisogno di aiuto, o anche animali. Un esempio sono le associazioni che aiutano le persone con disabilità, oppure le persone malate di leucemia, quelle che aiutano i bambini nel terzo mondo, o ancora quelle che salvano gli animali abbandonati per strada. Ovviamente le cause sostenute sono positive e hanno il solo ed unico scopo di fare del ben per la società. È importante trovare il modo per dare il proprio contributo e dimostrare la propria sensibilità sociale, ma in realtà porta anche diversi benefici: ad esempio, fare volontariato apre a nuovi orizzonti e permette di conoscere delle persone con un passato importante o con un insegnamento da dare, o comunque permette di scoprire cose nuove che prima neanche si immaginavo. Fare del bene gli altri significa anche fare del bene a se stessi, perché non c'è nulla di più gratificante di dare il proprio aiuto agli altri senza pretendere di ricevere qualcosa in cambio.

26. Ricostruisci il tuo albero genealogico

Ognuno è fatto a modo suo, ma sicuramente pensare alle proprie origini e ricordare la famiglia da cui veniamo e quali sono le nostre radici, è una sensazione davvero insostituibile. Se senti di avere del tempo libero da dedicare ai ricordi e a ciò che ti lega alla tua famiglia, allora forse è arrivato il momento di ricostruire il tuo albero genealogico. Non è un'attività proprio semplice, in quanto per risalire agli antenati bisogna avvalersi di molta pazienza e mettersi alla ricerca di testimonianze valide. Ti chiederai, ma da dove inizio? Beh, sicuramente una prima ed immediata risposta sono i documenti, gli atti notarili e diversi registri conservati negli archivi civili ed ecclesiastici dello Stato Italiano. Come potrai immaginare, nessuno di questi documenti è stato digitalizzato o informatizzato, ma si tratta di manoscritti che spesso nemmeno sono scritti secondo un criterio di ordine alfabetico. Ricostruire il proprio albero genealogico è come ritrovare e comporre ogni singolo pezzo del puzzle che ha portato a dove sei tu, e scoprire come la situazione si è evoluta negli ultimi secoli. Potresti provarci da solo, chiedendo le dovute autorizzazioni, oppure molto semplicemente affidandoti all'Associazione Araldica Genealogica Italiana (AAGI), la quale ti aiuterà sapendo esattamente dove cercare e come risalire alle tue origini.

27. Riprendi un vecchio hobby

Ora di tempo ne hai, a valanghe, talmente tanto che a

volte davvero potresti trovarti annoiato e non sapere come occuparlo nel migliore dei modi. Tac! Esco e mi ritrovo con i miei amici nel cantiere e parliamo del più o del meno...si certo, oppure dedica il tempo a tua disposizione per riprendere a praticare un tuo vecchio hobby che ormai hai abbandonato da un po'. Spolvera la cantina o la soffitta di casa e riprendi a suonare quella chitarra che non rinfresca più l'atmosfera di casa, sistema quella vecchia macchinetta fotografica istantanea che utilizzavi per immortalare i pomeriggi trascorsi con i tuoi amici. Non posso sapere quale fosse il tuo hobby preferito, ma qualunque esso sia, è il momento di ricordargli che tu ci sei ancora e che hai acquisito ancora più conoscenze e competenze per poterlo fare al meglio. Se invece non hai mai avuto un hobby in particolare che potresti riprendere a fare, allora questo è il tuo momento per dedicarti al 100% all'hobby che sempre hai voluto praticare, ma che non hai mai praticato. Questo è il momento perfetto per fare tutto quello che non sei riuscito a fare prima, fallo subito e sbarazzati subito del sassolino nella scarpa che si è incastrato per molto tempo. Divertiti e vivi la vita con molta spensieratezza e zero rimpianti!

28. Crea uno o più album di foto

A proposito di macchinette fotografiche... sicuramente fai parte della generazione del scatta e stampa, piuttosto che quella del copia e incolla. Infatti, è molto più difficile trovare molte foto stampate all'interno delle case delle nuove generazioni, perché ormai chiunque ha uno smartphone o un computer dove archiviare tutti gli scatti per poi rivederli in qualsiasi momento. Ma, se come ho detto, fai parte della generazione scatta e stampa, allora ne avrai i cassetti pieni, di foto. Scattavi, andavi dal fotografo e le facevi stampare, in cambio lui ti dava le foto stampate e i negativi delle stesse. Che ricordi eh! Questo però è il momento per fare ordine e dare anche spazio alla memoria di certi momenti indimenticabili, che hai voluto far rimanere impressi nella tua mente tramite una foto. Acquista dei semplici o anche più elaborati raccoglitori di fotografie, e inizia a creare gli album della tua vita. Si tratta di un'attività molto rilassante, ma che fa anche bene alla mente, e poi… è impossibile che tu non abbia qualche foto sparsa per casa, insomma tutti ce le hanno!

29. Crea una collezione

No, non si tratta di accumulare oggetti inutilmente, e nemmeno di dover per forza dedicare uno spazio della casa agli stessi. Creare una propria collezione è talmente personale e soggettivo, che non c'è assolutamente un modo giusto o uno sbagliato di farlo. Sono tantissimi i tipi di oggetti collezionabili, e ognuno di loro può suscitare diversi ricordi e sensazioni. Un modo molto comune e quasi inconsapevole di fare una collezione, è andare in un posto nuovo e acquistare la calamita per poi attaccarla al frigo e fissare per sempre il ricordo di quel luogo. Al mondo ci sono tantissimi collezionisti, alcuni detengono addirittura degli oggetti di valore molto alto e ne sono molto gelosi, ad esempio vasi di porcellana, sculture in vetro soffiato, o addirittura auto d'epoca. Insomma, questo è uno spunto che potrebbe fare al caso tuo e potresti proprio dedicarti alla ricerca di oggetti per la tua collezione, o forse non ti senti un collezionista e non hai alcuna passione per gli oggetti. Ma tranquillo amico mio! Di spunti per te ne ho ancora a vagoni.

30. Costruisci origami

Forse quelli semplici li costruivi anche da bambino quando eri a scuola e la maestra ti faceva fare quel lavoretto in occasione del carnevale, e quindi via alle maschere di carta pesta e agli origami. Se invece non ti sei mai cimentato in questa forma d'arte, ora potrebbe essere il momento. Non si tratta affatto di qualcosa di difficile, anzi, è un'attività che per te potrebbe rivelarsi rilassante e molto piacevole. Ci sono diversi esperti di origami in Internet, i quali condividono le proprie conoscenze e mostrano passo dopo passo come costruire animaletti di carta, oppure dei veri e propri capolavori. Si ma che me ne faccio, ti chiederai… beh, te l'ho già detto, decora la tua casa, addobbala come meglio preferisci, oppure se non li vuoi mettere in mostra, ma nemmeno buttarli, allora regalali ai tuoi nipoti, e anzi, insegna loro come costruirli. Vedrai che apprezzeranno molto la condivisione di questi momenti, e anche a te farà molto piacere trasmettere loro qualcosa.

31. Scopri la fotografia

Devi sapere che secondo alcuni studi, la passione per la fotografia è una delle più diffuse. Ti chiederai come mai proprio la fotografia…basta pensare al potere che ha la stessa, ovvero grazie ad un semplice scatto è possibile immortalare un momento preciso, e con lui anche tutte le sensazioni, i profumi, le voci che lo ricordano. Scattare una foto significa far rimanere impresso sulla memoria un ricordo, e chi non ama parlare di ricordi? Insomma, se hai già una macchina fotografica, tirala fuori e sfruttane il potenziale, approfittane per uscire e fare qualche passeggiata, per fare nuove esperienze e anche viaggiare. Se non ne hai una, allora corri ad acquistarla, scegli quella più adatta a te e scatta. Niente e nessuno ti obbliga a lasciare l'era del "scatta e stampa", perciò se ti piace comunque avere le foto a portata di mano, nel vero senso della parola, allora puoi scegliere le tue preferite e mandarla a stampare. Se invece ti vuoi modernizzare e ti basta avere le foto in un dispositivo consultabile in qualsiasi momento, allora non ti rimane che capire qual è il miglior modo per archiviare i tuoi ricordi. Se non sei un esperto, ricorda sempre che i nipoti sono grandi risorse per questo! Se non loro, chi altro?

32. Componi puzzle

Sta già tutto nel titolo del paragrafo, semplicemente acquista puzzle e componili. Questa è un'attività che potresti fare anche con le persone più vicine a te, che siano amici o famigliari, ma soprattutto è fondamentale per tenere allenate alcune capacità cerebrali. Infatti, comporre puzzle è sicuramente stimolante in quanto mantiene attiva la capacità di concentrazione, e anche quella della memoria visiva; inoltre, si lavora molto sulla creatività e sulla perseveranza, che è molto utile in questa fase di vita per essere sempre più consapevoli che resistere e non mollare mai non è un'opzione, ma un dovere. Si ok, faccio il puzzle e poi che me ne faccio? Semplice, prima di iniziare appoggiati su un pezzo di cartone, e una volta raggiunto l'obbiettivo, incolla i pezzi uno ad uno e crea il nuovo quadro per la parete di casa tua, ormai tutti fanno così!

33. Leggi l'oroscopo

Leggere l'oroscopo è un tipo di attività in cui, in un modo o nell'altro, devi credere. Non fraintendermi, non sto dicendo che devi assolutamente affidarti all'oroscopo e capire che tutto ciò che viene detto e scritto è verità assoluta, ma soltanto che per farlo devi forse sentire un briciolo di connessione con quanto viene detto. In caso contrario, la lettura dell'oroscopo risulterà inutile e totalmente estranea al tuo modo di essere. Dunque, da dove iniziare? Ci sono moltissimi libri che parlano di astrologia, costellazioni, pianeti e segni zodiacali, infatti si dice che nel momento in cui siamo nati i pianeti erano allineati in un determinato modo, e noi ne siamo influenzati ogni giorno della nostra vita. Addirittura, a volte in fase di conoscenza, alcune persone chiedono di che segno zodiacale è la persona davanti a loro, perché magari credono nell'oroscopo e in base alla risposta credono di capire se la persona potrebbe essere affine al loro modo d'essere.

34. Prova la meditazione

Di per sé, meditare significa fissare il pensiero su

qualcosa, riflettere. I modi per farlo sono molti e acquisiscono diversi nomi: Yoga, Chakra, Meditazione spirituale ecc... Perché provare a praticare la meditazione? Molto semplice, porta molti benefici al corpo e alla mente e permettono di raggiungere un livello di benessere personale diversamente raggiungibile in altri modi. Innanzitutto, questa attività permette di prendere il pieno controllo di se stessi e della respirazione, migliorando così le condizioni del sistema cardiovascolare. Inoltre, aiuta molto ad equilibrare il proprio umore e a sentirsi persone più tranquille e pacifiche, non è solo uno stereotipo di chi pratica la meditazione, ma è proprio così! Riuscire a raggiungere questi obbiettivi non è comunque semplice, perché è un'attività che richiede dedizione, pazienza e tempo. Potresti iniziare ritagliando anche solo 5 minuti della giornata, per poi aumentare sempre di più fin al punto in cui non sentirai di dover andare oltre. È importante che tu sia costante e che ti senta completamente a tuo agio. Se ancora non ti ho convinto al 100%, posso dirti che secondo alcuni studi americani, pare che la meditazione possa avere anche effetti analgesici, ovvero combatte il dolore fisico muscolare, tra il 40 e il 93% durante la messa in pratica della meditazione.

35. Scrivi

Penso tu sia d'accordo con me se ti dico che scrivere è una delle prime cose che si imparano quando si inizia la scuola primaria, ed è un qualcosa che rende molto fieri sia i bambini, che i genitori. È un passo importante da cui passano e tutti, e spesso si trasforma in una vera e propria passione. Con il passare degli anni si arriva alle scuole medie (oggi sono obbligatorie) e si iniziano a scrivere i famosi "temi" o "saggi" in cui viene dato un argomento e lo studente è tenuto a svilupparlo su delle colonne. Se hai questa passione innata dentro di te, ma non hai mai avuto l'occasione di coltivarla, allora potresti approfittare del tempo libero che hai ora per iniziare a buttare giù due righe e vedere come te la cavi. Saper scrivere dovrebbe venirti ormai automatico, l'unico ostacolo che potresti incontrare è forse la passione che serve per scrivere delle righe nero su bianco che siano affascinanti. Potresti scrivere molte cose, poesie, filastrocche, storielle, aneddoti divertenti o le barzellette che usavi raccontare da giovane. Insomma, mettiti alla prova e riscopri il piacere dell'attività di scrittura.

36. Tieni un diario

Tenere un diario per scrivere quotidianamente qualcosa, è una vera e propria terapia, e la scienza lo dimostra. Quest'azione aiuta infatti a ritagliare degli spazi per te stesso e per diventare emotivamente più intelligente, ovvero riesci ad essere più consapevole della tua persona e di ciò che ti circonda, riuscendo così ad essere una persona con il pieno controllo di sé, ed eventualmente degli imprevisti che possono capitare. Un diario può essere utilizzato davvero per tanti e diversi scopi, come ad esempio scrivere i propri pensieri, o quello che succede durante la giornata, obbiettivi per il futuro, oppure semplicemente delle note importanti per non scordarsi appuntamenti ed eventi. Può essere utilizzato anche come calendario, per non perdere mai la percezione del tempo e dei giorni. In questo modo riduci anche ansia e stress, e gestisci meglio i cambiamenti di umore che potresti ritrovarti a subire; insomma, non hai niente da perdere e scrivere un diario può farti godere di molti benefici. Vai subito in cartoleria ad acquistarne uno e inizia da oggi stesso!

37. Prenditi cura di te stesso

Mentre la vita lavorativa è attiva, è difficile dedicarsi alla cura di se stessi e al tempo libero come si vorrebbe, mentre quando si è in pensione le cose cambiano e la situazione si inverte del tutto. Ora che hai il tempo dalla tua parte, non perderlo e approfittane per dedicarti alla cura del tuo corpo e della tua mente. Se non sai da dove iniziare, pensa a quali sono le attività che più ti rilassano, come ad esempio prendere sole in riva al mare, oppure fare una passeggiata nel bosco di montagna, massaggi rilassanti o spa. Non è detto che siano queste le attività perfette per te, perché ovviamente ognuno ha un modo diverso di vivere e godersi la vita. Rilassarsi è molto importante, anzi, è fondamentale per condurre una vita sana; infatti, direttamente o indirettamente rilassarsi porta dei benefici per nulla scontati, quali il rafforzamento del sistema immunitario e anche del sistema nervoso. Insomma, prenditi il tuo tempo e goditi la vita!

38. Se hai un partner/una partner organizza una sorpresa

Nella società odierna, ci sono davvero una miriade di festività durante l'anno che vengono colte come l'occasione perfetta per fare un regalo alla propria dolce metà, però penso proprio che sia molto meglio cogliere di sorpresa una persona, in un momento completamente inaspettato. Se ti è mai capitato di ricevere una sorpresa, allora capirai benissimo di cosa parlo e capirai che in fondo, non è così brutta come idea. Fare una sorpresa a volte può non risultare così semplice, ma se credi di conoscere molto bene la persona che hai affianco, allora non sarà nemmeno così difficile. Potrei aiutarti dandoti qualche spunto, questo sì, ma ricorda che tu sei l'unico a conoscere quella persona e che inevitabilmente sei proprio tu la persona che potrebbe sapere qual è la sorpresa perfetta. In realtà non penso servano gesti eclatanti, anche solo organizzare una bella cenetta in casa preparata da te, oppure una lettera e un fiore per ricordare i tuoi sentimenti, o ancora incorniciare una vostra vecchia foto. Se invece sei una persona che ama fare le cose in grande, allora potresti rivolgerti ad una agenzia di viaggi ed organizzare un'escursione o un soggiorno di più giorni in qualche posto mai visitato o anche in uno dei posti che vi legano, oppure potresti organizzare una degustazione di vini presso una cantina molto rinomata. Fare una sorpresa può risultare facile, ma anche difficile, l'importante è metterci sempre la passione e tutto l'amore del mondo!

39. Gioca ai giochi di società

Se è vero che nelle scatole dei giochi da tavolo c'è l'età consigliata da cui si può iniziare a giocare a quel gioco, allora è altrettanto vero che invece l'età in cui si può smettere di giocare non viene mai riportata. Ebbene sì, non è mai troppo tardi per "mettersi in gioco" e divertirsi un po' in compagnia. Si tratta di un'attività perfetta nel caso avessi particolari problemi a muoverti, perché ti basterà stare serenamente seduto in una poltrona e goderti il momento, riuscendo così, se non ad allenare il corpo, almeno ad allenare la mente. Ci sono davvero molti giochi che potresti provare, dai più classici, come ad esempio scacchi, dama, battaglia navale, monopoli, ai più ricercati come ad esempio risiko. Inoltre, è un modo molto piacevole di trascorrere il tempo con gli amici o con i propri famigliari, e sono sicuro che i tuoi nipotini apprezzeranno sicuramente!

40. Gioca a carte

Beh, se non sei il tipo da particolari giochi da tavolo, ricordati che esistono sempre le care e vecchie carte, da quelle bergamasche, alle piemontesi, alle piacentine, e chi più ne ha, più ne metta. Ormai i classici giochi di carte li conoscono tutti, e da generazione in generazione vengono tramandate, sto parlando della "Scopa", la "Briscola", "Burraco", "Scala 40", "Solitario" ... Non ti rimane che riunire i tuoi amici e sfidarli uno ad uno!

41. Entra in una casa di riposo e fai nuove amicizie

Una volta erano chiamati "ospizi" quei posti in cui gli anziani potevano ritirarsi, ma poi hanno deciso di cambiare il nome perché alla parola "ospizio" si associava solo una concezione totalmente negativa rispetto a quella che invece è la realtà. Le case di riposo sono un'ottima opportunità per te, e se sei una di quelle persone che ancora hanno un'idea negativa (e sbagliata) di questi posti, allora sono qui per farti cambiare idea. Innanzitutto, se ti piace giocare a carte puoi farlo benissimo a casa tua, ma vogliamo mettere il divertimento di cui puoi godere in una casa di riposo dove hai tantissimi amici a portata di mano, e che sicuramente non rifiuteranno una partita? Ma scherzi a parte, anzi, giochi di carte a parte, sappi che questi luoghi sono il massimo che potresti permetterti nel caso in cui tu voglia vivere questo periodo della vita in totale tranquillità e spensieratezza. Nel caso ne avessi bisogno, l'assistenza è continua e immediata perciò ti sentirai davvero trattato come un re o una regina. Attenzione però! A differenza di come molti pensano, non si tratta affatto di una gabbia, ma amici e parenti possono venire a farti visita senza alcun problema o ostacolo. Dunque, tranquillizzati e inizia a costruire un piano concreto su come vuoi vivere il tuo periodo da pensionato, mettendo anche in conto le fantastiche case di riposo.

42. Iscrivi ad un circolo per adulti

Se lasciare la tua casa e affrontare una nuova esperienza

presso una casa di riposo, proprio non fa per te, allora ho una soluzione simile che potrai sfruttare senza dover lasciare la tua dimora. Devi sapere che sotto questo punto di vista sei fortunato a vivere in Italia, perché ci sono davvero tante risorse e opportunità per vivere serenamente durante il periodo della "terza età" e godersi a pieno la vita. In praticamente qualsiasi area del nostro Paese, è possibile iscriversi ai cosiddetti "circoli" per stare in compagnia e non annoiarsi mai: la maggior parte sono gratuiti, altri invece prevedono una quota di associazione, che non è spropositata perché comunque la politica generale dei circoli prevede l'inclusione. Lo scopo di questi luoghi è principalmente riuscire a dare alle persone più anziane un senso di appartenenza alla collettività, attraverso la creazione di momenti stimolanti per lo sviluppo di relazioni interpersonali e la sostituzione di vecchie abitudini con una nuova e piacevole routine.

43. Frequenta le sagre di paese

Cosa c'è di più autentico di scoprire quello che contraddistingue il proprio paesino rispetto a quello accanto? A Perugia ad esempio c'è l'Eurochocolate, forse la più famosa sagra italiana a livello nazionale e internazionale, nella quale è possibile scoprire tutti i più inimmaginabili tipi di cioccolato. Mica è l'unica però! C'è la sagra del pesce in provincia di Genova, la sagra dell'uva nel Lazio e molte altre a seconda del territorio e dei suoi frutti. Non ti rimane che prendere la bicicletta o fare una passeggiata tra i vari banchetti che prodotti dei prodotti assolutamente di ottima qualità e a buon prezzo. Non puoi farti sfuggire delle occasioni del genere, e non per forza devi andare in posti lontani, sono sicuro che una sagra c'è anche nelle vicinanze di casa tua. Elimina la pigrizia ed esci alla scoperta del Made in Italy!

44. Fai delle passeggiate

Da solo o in compagnia, sappi che fare delle passeggiate non sarà mai qualcosa di sbagliato. Se ti annoi e proprio non sai come potresti occupare il tuo tempo attivamente, non ti resta che indossare un paio di scarpe comode ed uscire di casa a passeggiare un po'. È un'attività davvero molto semplice, ma in sé racchiude tanti benefici che non puoi farti sfuggire, no, nemmeno in questa fase della vita. Non mi odiare, ma questa volta lo dico sul serio, se ti piace vedere i cantieri e osservare come il territorio circostante si sviluppa e si evolve nel corso degli anni, non c'è nulla di sbagliato nel fare una bella passeggiata e goderci ciò che più ci piace. Anche semplicemente percorrere le stradine di campagna che ti ricordano l'infanzia può essere molto piacevole, oltre a molto utile per mantenere il tuo fisico in allenamento. Ancora una volta ti vorrei ricordare che non c'è bisogno di prendere aerei, treni o andare lontani per scoprire le bellezze di un territorio; a volte basta solo un po' di buona volontà e un pizzico di curiosità.

45. Vai al cinema

Una delle attività più semplici ma che nonostante tutte le innovazioni digitali non morirà mai, è proprio la bellezza delle sale da cinema. I modi sicuramente sono cambiati rispetto a 50 anni fa, le prenotazioni possono essere fatte online e le poltrone possono essere super comode, ma nulla cambia che andare al cinema rimane un'esperienza unica e insostituibile. Ci puoi andare con chi vuoi e gli orari sono adatti ad ogni fascia di età, dal pomeriggio alla notte. In più, se sei un appassionato di cinema, non c'è sicuramente bisogno che io ti spieghi che sensazioni si provano ad essere tra i primi a vedere un film appena uscito.

46. Visita musei

Visitare musei è uno degli hobby più antichi del mondo, ma perché? Semplicemente perché i musei sono dei luoghi di incontro e di avvicinamento tra culture diverse, permettono di creare dei momenti di discussione e condivisione di pensieri ed opinioni, e ultimo ma non meno importante, sono da sempre un'ottima fonte di ispirazione per la propria vita in generale, qualsiasi sia l'ambito in cui lavoriamo o lo scopo per cui siamo andati al museo. Conoscere la storia si sa essere importante per riuscire ad evolversi senza commettere gravi errori che sono stati commessi in passato. Dico questo perché i musei sono principalmente volti al pubblico per promuovere e far riscoprire la bellezza delle rovine antiche e sei reperti, ma in realtà ce ne sono di varie tipologie: musei etnografici, marittimi, scientifici, astrologici ecc...Insomma, segui i tuoi interessi e visita i musei più adatti alla tua persona, goditeli e scopri cose nuove, perché nella vita non si smette mai di imparare!

47. Partecipa a grandi eventi e fiere

A differenza delle sagre paesane, le fiere sono molto più grandi e hanno una grande varietà di stand nazionali e internazionali, ed è per questo motivo che è meno probabile che si trovino a pochi chilometri da casa. Questo però non significa che siano irraggiungibili e che tu non sia nella posizione di prendere un treno e fare un'esperienza diversa dal solito; anzi, è proprio ciò che devi fare, un consiglio per non spendere troppo è di organizzarti in anticipo e monitorare i costi del trasporto, così da cogliere l'occasione speciale per risparmiare e viaggiare low-cost. In Italia ci sono diverse fiere, per fare solo qualche esempio c'è la Borsa Internazionale del Turismo o BIT a Milano, oppure "Fieragricola" nel Veronese. Ce ne sono per tutti i gusti e tutte le età, perciò non perdere tempo e frequenta un po' di questi luoghi molto stimolanti dove avrai l'opportunità di conoscere nuove persone e goderti il talento italiano.

48. Vai al mercato e ai mercatini

Se le cose in grande non fanno per te, non ti devi preoccupare perché sono sempre qui per darti una valida alternativa. Quella che ti sto per proporre, è un'idea molto semplice e un'attività con cui tutti dovrebbero essere cresciuti: andare al mercato e scoprire gli odori della verdura fresca e i profumi della frutta estiva è una cosa che ti consiglio di fare sicuramente, e addirittura potresti permetterti di farne un vizio. Acquistare prodotti freschi e creare il prodotto ultimo in casa significa condurre uno stile di vita molto sano e prendersi cura di se stessi, perciò non hai proprio nulla da perdere. Sappi che di mercati ce ne sono davvero di tutti i tipi, da quelli della verdura a quelli delle spezie, a quelli dei tessuti più pregiati. Al giorno d'oggi si fa anche molta attenzione agli sprechi, e per questo motivo credo che tra i migliori mercatini a cui potresti dare un'occhiata, ci sono proprio quelli dell'usato e dello scambio di oggetti; ad esempio, in molte piazze si creano i mercatini dove ognuno cerca di smaltire i vestiti e gli oggettini che non vogliono più tenere, oppure addirittura ci sono dei mercatini interamente destinati ad una particolare categoria di oggetti, come ad esempio i libri. Insomma, informati su quali sono i migliori mercatini della tua zona (o anche lontani, nessuno ti vieta di fare un'escursione per vivere un'esperienza del genere, anzi!) e concludi grandi affari!

49. Viaggia

Siamo quasi alla fine di questi 50 spunti che ho voluto darti, e spero che almeno qualcuno di questi possa esserti stato particolarmente utile e che tu sia riuscito a sfruttare il tuo tempo nel miglior modo possibile. Non è finita qui però, perché scontata ma non banale è l'idea di fare i bagagli e partire, e viaggiare in tutto il mondo. Questa volta però davvero non sto parlando di prendere la bicicletta e andare al cantiere, ma di ampliare al massimo i tuoi orizzonti. Al giorno d'oggi di modi di viaggiare ce ne sono di tutti i tipi a seconda del proprio modo di concepire il viaggio e del modo in cui si preferisce viverlo e ricordarlo; ad esempio ci sono i viaggi on the road, ovvero quei i viaggi che hanno zero regole dove sei libero del tutto dal punto di vista delle tempistiche e dei luoghi da visitare, perché sarai con la tua auto, il camper o con la moto e deciderai tu quali sono i posti che vuoi visitare, quelli particolari inclusi. Se invece ti piace avere un soggiorno organizzato dalla A alla Z allora ti consiglio di affidarti ad una agenzia o ad un tour operator che organizza dei pacchetti completi, con il trasporto, l'hotel e tutte le escursioni già programmati. Puoi pensare di viaggiare da solo, in coppia o in gruppo e sicuramente nell'ultimo caso la situazione si può fare molto più bella e stimolante, ma ancora una volta, ai la più libera scelta di organizzare il tuo viaggio. Che aspetti ancora? Non c'è niente di meglio che preparare le valigie e diventare esploratori per qualche giorno…o per sempre!

50. Trasferisciti all'estero

Dove eravamo rimasti? Ah sì… stavo parlando di diventare esploratori per sempre. No, non sono folle e l'idea di cui ti sto per parlare non è affatto da escludere per vivere il periodo della pensione in totale relax e tranquillità. Sì, forse l'idea è un po' fuori dagli schemi, ma devi sapere che non saresti il primo, e nemmeno l'ultimo a fare una scelta di questo tipo. Sono d'accordo con te se pensi che l'Italia sia il Paese più bello del mondo e che viverci è una sensazione che difficilmente si può trovare altrove, ma penso che sarai tu d'accordo con me se ti dico che è uno dei Paesi più difficili da vivere dal punto di vista burocratico e delle tasse. Uno spunto che ti voglio dare è proprio quello di prendere tutto quello che hai e trasferirti in un altro Paese, dove non ci sono tasse e il benessere sta ai massimi livelli. Dipende sempre dai tuoi gusti, ma sappi che i paradisi fiscali esistono e non sono affatto una leggenda! Se ti senti di essere una persona con tanta voglia di vivere e che non ha nulla da perdere, allora considera davvero questa opzione e comincia una nuova esperienza!

50 COSE DA VEDERE

Se 50 cose da fare non ti sono bastate, ecco che arrivo in tuo aiuto ancora una volta. Ci sarà stata almeno una volta nella vita in cui avrai detto "voglio andare in quel posti prima di morire", e sono qui a dirti che è arrivato il momento perfetto per farlo. Se invece non ti è mai capitato di dire una frase del genere potrei non crederti sulla parola, però voglio fidarmi e darti il mio contributo per colmare questo buco. Dunque non perdiamo tempo: ecco a te 50 posti da vedere (sia in Italia che all'estero)!

GRANDI CITTÀ

1. Roma

Non potevo non iniziare con la Capitale italiana, che spero tu abbia avuto la possibilità di visitare almeno una volta nella vita; se invece non ne hai mai avuto l'opportunità, allora sono qui per ricordarti cosa ti stai perdendo e quindi, consigliarti di andare subito a fare i bagagli. La città eterna la chiamano, Roma è una città per eccellenza che ha una quantità di posti da vedere, monumenti e musei da visitare che non si trova altrove, dal simbolo della città, il Colosseo, al Foro Romano, Piazza di Spagna, la Fontana di Trevi, la Basilica di San Pietro e chi più ne ha più ne metta!

2. Venezia

Il Canal Grande, le calle, Piazza San Marco, la laguna e le migliaia di piccoli ponticelli non possono che farti pensare a Venezia, la città dove di auto non ne vedi, ma di barche ne puoi provare di tutti i tipi, dai traghetti alle tipiche gondole.

3. Verona

Non allontanandoci troppo da Venezia, ci spostiamo in un'altra città veneta, quella dell'amore. Verona è la città di Romeo e Giulietta, quindi sicuramente non potrai perderti la Casa di Giulietta e quella di Romeo, oltre ovviamente all'Arena, a Castelvecchio, all'Arco dei Gavi e alle piazzette storiche dove potrai goderti un aperitivo tutto italiano.

4. Napoli

Passeggiare tra i vicoli e odorare i profumi del cibo italiano, dalla pizza alla frittura, e sentire la musica degli artisti armoniosa in ogni angolo della città vesuviana. Napoli è la città perfetta se sei un vero e proprio fan del cibo italiano, inoltre ci sono tantissime attività da fare. Ad esempio, non puoi perderti un'escursione sul Vesuvio, la Piazza del Plebiscito, il Palazzo Reale o le bellezze e i reperti presso il Museo Archeologico Nazionale.

5. Firenze

Ultima città italiana che mi sento di doverti consigliare, ma non meno importante sicuramente, è Firenze. Questa città ha un fascino davvero particolare e che solo chi ci è stato può capirlo e può dirlo. Firenze è la città dell'arte per eccellenza, dunque non potrai fare a meno di visitare la Galleria degli Uffizi, la Basilica di Santa Croce, la Cattedrale di Santa Maria del Fiore o il David di Michelangelo. Non perdere l'occasione per degustare un buon vino toscano e provare una fiorentina autentica.

LAGHI

6. Lago di Como

Ville, ville e ancora ville. A proposito di luoghi lacustri, non puoi perderti sicuramente il Lago di Como e tutte le fantastiche villette che costeggiano le rive dello stesso. Si tratta di Villa del Balbianello, Villa Carlotta, Villa Melzi e molte altre, le quali sono preziosissime internamente ed esternamente riflettono i propri colori sul lago e sono uniche nel loro genere. Molti personaggi famosi scelgono le rive di questo lago per delle vacanze rilassanti, dunque non ti manca che partire e andare alla scoperta di questi magnifici luoghi!

7. Lago Maggiore

Perché scegliere il Lago Maggiore piuttosto che un altro lago? Beh, una vera e propria particolarità di questo posto, è che all'interno del lago ci sono diverse isolette visitabili, sono molto belle facilmente raggiungibili: sto parlando di Isola Madre e delle Isole Borromee. In alternativa, se sei una persona sportiva e ti piace fare attività fisica, ci sono dei percorsi piacevoli intorno alle rive e dei parchi verdi molto suggestivi per un pic-nic in buona compagnia!

8. Lago di Garda

Chi non lo conosce o non l'ha mai sentito allora non è di questo mondo, perché il Lago di Garda oltre ad essere il più esteso d'Italia, è anche un lago che offre una grandissima varietà di luoghi da visitare e piccoli borghi molto caratteristici. Tocca ben tre regioni e si trova nel bel mezzo della Pianura Padana: qui è vietato non visitare Limone sul Garda, Sirmione e Monte Baldo. Scherzo ovviamente! Nulla è vietato ma tutto si può fare: devi sapere che nelle vicinanze ci sono anche diverse altre opportunità, come ad esempio il parco divertimenti Gardaland o lo zoo Parco Natura Viva, entrambi in provincia di Verona.

9. Lago di Sorapis

Se sei un tipo da lago di montagna, ti suggerisco di fare immediatamente una ricerca in Internet e di digitare "Lago di Sorapis". Ancora una volta siamo in Veneto, e le immagini che appariranno ti posso assicurare non essere modificate o photoshoppate, ma l'acqua di questo lago è davvero così azzurra come sempre. Sembra quasi fluorescente, ma questo lago è una realtà ed è perfetto per fare una gita estiva, in quanto d'inverno è ghiacciato e fa molto freddo.

MARE

10. Capri

Eccoci pronti per gli amanti del caldo e del mare, dove per prima destinazione propongo l'Isola di Capri, ti chiederai perché proprio lei. Semplicemente, questa isola è autentica nel suo genere, è colma di bellezze naturali, come ad esempio grotte e archi sull'acqua, oltre alle villette che la caratterizzano. Se decidi di visitare Capri, non puoi saltare un'escursione presso Grotta Azzurra o una gita attraversando Via Krupp, una storica strada con molti tornanti che ti farà raggiungere uno dei punti più alti dell'isola, e da cui potrai godere di una vista meravigliosa.

11. Le Cinque Terre

Ci spostiamo in provincia della Spezia, dove ormai famosi sono gli antichi villaggi di pescatori che costeggiano la zona, e che sono noti come Le Cinque Terre, in quanto si tratta di 5 paesini: Riomaggiore, Vernazza, Monterosso, Corniglia e Manarola. Essi sono facilmente raggiungibili in treno, più che con l'auto, e sono davvero molto particolari, caratterizzati da abitazioni molto colorate che si specchiano sul mare ligure.

12. Sorrento

Se sei una persona che tiene particolarmente a ricreare una vacanza all'insegna del mix perfetto tra relax, cultura e enogastronomia, allora Sorrento fa proprio per te. Sulla baia di Napoli c'è questo fantastico paesino che ti affascinerà per il paesaggio, i giardini, le marine e gli scorci che ha sul mare. Inoltre, non potrai evitare di fare una cena in riva al mare a base di pesce, o se sei un tradizionalista, gli gnocchi alla sorrentina sono sicuramente degni di un assaggio.

13. Spiaggia dell'Arcomagno

Andando un po' più sul particolare, ti concedo di non aver mai sentito parlare della Spiaggia dell'Arcomagno: si trova in Calabria ed è unica nel suo genere. Il nome di questa spiaggia è dovuto proprio ad un arco caratteristico che fa da barriera tra il mare e la spiaggia dorata, sicuramente vale la pena andare a vederlo e godersi il paesaggio in totale relax.

14. Costa Smeralda

Non si tratta dei Caraibi o delle Maldive, ma l'acqua cristallina che caratterizza la Costa Smeralda in Sardegna sicuramente ti farà pensare a quei luoghi tropicali. Le spiagge che troverai sono meravigliosamente bianche e l'acqua è talmente limpida che sarà un piacere poter fare un po' di snorkeling ed esplorare i fondali e la piccola fauna che li abita. Troverai tantissimi alloggi, anche a basso prezzo e per raggiungerla ti basterà prenotare un traghetto.

BORGHI

15. Alberobello

I trulli sappiamo essere le tipiche costruzioni a forma conica che vennero costruiti nella penisola pugliese in età preistorica. È proprio ad Alberobello che potrai vedere da vicino e addirittura trascorrere una vacanza all'interno di queste particolari abitazioni. In questa zona potrai anche visitare il Monumento Casa d'Amore, costruito nel 1700 e dalla costruzione architettonica molto particolare, ma anche la Riserva Naturale Bosco Selva merita sicuramente del tempo da parte degli amanti della natura e del verde.

16. Matera

Un vero e proprio borgo che si trasforma nella cosiddetta Città dei Sassi, e che entra a far parte del Patrimonio Mondiale dell'UNESCO: Matera si aggiudica anche il titolo di Capitale europea della cultura nel 2019. Si tratta di una città unica nel suo genere, dove potrai godere di fantastiche serate romantiche in uno dei molti ristoranti nel centro storico, oltre a visitare la Casa Grotta nei Sassi e la Basilica di Maria Santissima della Bruna.

17. Civita di Bagnoregio

Civita di Bagnoregio è un piccolo paesino in provincia di Viterbo, nel Lazio, e ormai è conosciuta a tutti come "la città che muore", in quanto si trova arroccata su una collina e la sua posizione è tanto particolare quanto in pericolo, infatti è minacciata dalle frane. Ad oggi è una meta turistica importante che molti vogliono andare a vedere, con diverse attività incluse: una visita al Museo Geologico e delle Frane, alla Chiesa di San Donato, al Museo Taruffi e molti altri.

18. Lecce

Andiamo un po' a sud est e spostiamoci nella città barocca di Lecce, probabilmente un po' sottovalutata data la ricchezza di monumenti e luoghi architettonicamente formidabili che la caratterizzano. Nella città di Lecce è doveroso visitare la grande Basilica di Santa Croce e il Duomo di Lecce, oltre al Castello di Carlo V, e le varie piazze molto piacevoli al tramonto.

19. Terme di Saturnia

Terme di Saturnia, al contrario di quanto comunemente si pensa, non è un parco termale ma è un interno comune che prende questo nome. Ovviamente il motivo c'è e come si può immaginare, questo paese può godere della presenza di acqua termale, dunque è possibile dedicare del tempo per se stessi e godersi un po' di sano relax. Un'attrazione molto gettonata sono le Cascate del Mulino, ma anche una piacevole passeggiata nel centro storico non è da escludere.

LE GRANDI ISOLE

20. Sardegna

Se non sei mai stato in Sardegna, ti consiglio vivamente di prendere il primo traghetto disponibile e di partire! Probabilmente nessun mare è paragonabile a quello sardo e di luoghi tra cui scegliere ce ne sono di tutti i tipi. Al Nord dell'isola, ad esempio, c'è molta più movida, mentre al Sud è più tranquillo e il paesaggio è molto più selvaggio.

21. Sicilia

Beh, che dire…fantastici arcipelaghi dall'acqua cristallina, coste di ogni genere caratterizzate da una sappia dorata, panorami mozzafiato e monumenti archeologici costruiti dagli antichi popoli che l'hanno popolata: la Sicilia è una delle due grandi isole italiane e merita sicuramente una visita. Cosa vedere? C'è di tutto e di più, ma sicuramente non puoi perderti la Scala dei Turchi, la Valle dei Templi, Taormina e la Cattedrale di Palermo. Un'idea molto carina e diversa dalla solita vacanza è sicuramente quella di fare una vacanza in barca, navigando tra le piccole isolette e godendosi il vento mediterraneo al 100%.

ALTRI LUOGHI IMPERDIBILI IN ITALIA

22. Grotte di Frasassi

Siamo nella regione delle Marche, più precisamente in provincia di Ancona: le Grotte di Frasassi sono una tappa molto particolare che non puoi evitare se sei nella zona e non sai cosa fare. Si tratta di grotte carsiche sotterranee situate all'interno di un parco naturale, ma non sono le uniche, infatti a circondarle ci sono altri tre gruppi di grotte.

23. Cascata delle Marmore

Se digiti la parola "cascata" su Google, quasi sicuramente ti uscirà tra i primi risultati la Cascata delle Marmore, in Umbria. Si tratta di una cascata molto particolare in quanto si distende su tre livelli diversi e l'effetto visivo è formidabile; è situata all'interno di un parco ben strutturato con diversi sentieri da percorrere e l'entrata non è affatto costosa. Se sei un grande appassionato della natura, potresti approfittare del loro servizio di visite guidate outdoor per avere una visione più ampia della storia e del territorio.

24. Val d'Orcia

L'area di cui ti sto per parlare, è talmente preziosa che fin dal 2004 è entrata a far parte del patrimonio mondiale dell'UNESCO: si tratta di Val d'Orcia del territorio circostante, caratterizzato da dolci colline, antichi borghi e agriturismi dove la qualità è sempre la priorità. Se sei una persona credente allora qui troverai anche molte mete religiose che sicuramente non ti deluderanno, sto parlando dell'Abbazia di Sant'Antimo e della Cappella della Madonna di Vitaleta. Sappi che anche se non sei particolarmente credente, qui c'è anche molto altro, ad esempio, Podere le Ripi è una vineria situata in cima ad un colle e il panorama da lì è molto suggestivo. Se ancora non l'hai capito, ti sto parlando di un'area toscana molto verde e in quanto tale, saprai sicuramente che c'è un albero simbolico delle strade che attraversano la regione, ovvero i cipressi. Per questo motivo non puoi perderti una visita ai Cipressi di San Quirico d'Orcia, oltre alla Roca di Tentennano che sicuramente merita.

25. Parco Naturale del Gargano

Azzurro e verde, verde e azzurro. Questa è l'ultima meta italiana che ti propongo, caratterizzata appunto da mare cristallino e da incredibili zone verdi e panorami che ti lasceranno senza parole, letteralmente. Nella zona del Gargano troverai uno dei mari più belli di tutta la penisola italiana, e all'interno dell'omonimo parco naturale si trova la cosiddetta Foresta Umbra che si estende per diversi chilometri.

Di bei posti in Italia avrai capito che ce ne sono davvero molti, e sicuramente quelli suggeriti da me sono davvero pochi rispetto a quelli che invece potresti avere la possibilità di visitare. Il nostro Paese è formidabile in quanto c'è una grande varietà di luoghi, dalle montagne, alle terme, alle coste sabbiose, ai laghi, i fiumi e chi più ne ha più ne metta. Si tratta solo di avere la volontà e l'interesse nello scoprire nuovi posti e venire in contatto con altre persone, altre culture, che seppur si trovano nello stesso Paese in cui vivi tu, magari riesci a scoprire qualche nuova sfaccettatura che non conoscevi e che ora trovi molto interessante. Non limitarti a prendere la tua bicicletta e fare qualche metro per andare al cantiere o al bere a prendere l'aperitivo del sabato pomeriggio, ma apri i tuoi orizzonti il più possibile perché sono certo che sarà una scelta di cui non ti pentirai. È vero, quando si fanno questo tipo di esperienze è necessario avere anche un briciolo di passione e spensieratezza, ma se solo ti darai una possibilità per provarci, allora stai sicuro che queste sono caratteristiche che non ti mancheranno. A proposito di allargarsi a nuovi orizzonti, non pensare che sia finita qui! Non è (quasi) mai giusto accontentarsi, ed è per questo motivo che sono qui a farti altre proposte di luoghi da vedere, ma come ho già detto con l'Italia non mi dilungo ulteriormente; quindi, armati di immaginazione e intraprendenza, e scopri insieme a me le migliori mete da visitare in tutta Europa!

LE CAPITALI

26. Parigi

Se ti dico Tour Eiffel, non potrai fare a meno di pensare alla capitale francese, la città di Parigi. Parigi è una metropoli davvero estesa, e che vanta essere una delle mete preferite dai turisti europei, ma anche da quelli extra-europei. Ma cos'ha di speciale? Cosa attrae milioni di persone ogni anno? Innanzitutto, Parigi è una città molto romantica e suggestiva e infatti molti turisti non si accontentano di visitarla solo una volta, ma diventano dei veri e propri esperti del posto tornandoci più volte scoprendo nuovi posti insoliti e luoghi particolare che la città offre. Sono davvero centinaia le possibili attrazioni turistiche che potrei consigliarti e le attività che potresti fare, ma ovviamente sta a te programmare il tuo viaggio in base al tempo che vuoi dare al tuo soggiorno e al tipo di vacanza che vuoi condurre. Un must è sicuramente la Tour Eiffel, il simbolo per eccellenza della città, ma oltre ad essa non puoi sicuramente il Museo del Louvre, Montmartre, l'Arco di Trionfo, la Cattedrale di Notre Dame, la Cattedrale del Sacro Cuore. Tra le migliori attività ed esperienze che potresti fare, sicuramente c'è il giro in barca sulla Senna, oppure se sei più tradizionalista potresti pensare ad un tour in pullman in giro per la città. Insomma, da solo, in coppia o in compagnia, Parigi è sicuramente uno di quelle destinazioni turistiche che non ti puoi perdere e che devi visitare almeno una volta nella vita.

27. Madrid

Ci spostiamo in Spagna, nella capitale della "movida", termine coniato intorno agli anni '90 per indicare la vita notturna intensa e vivace, tipiche caratteristiche della vita delle persone che abitano nelle grandi città spagnole, ma non solo. Infatti, al giorno d'oggi il termine è molto diffuso e il divertimento si può trovare in ogni angolo di mondo. Ma torniamo alla nostra capitale spagnola, dove si trovano attività piacevole da fare sia per bambini, che per adulti; i punti di interesse che più ti potrebbero attrarre certamente dipendono da te e dalla tua personalità, ma ci sono dei must che non puoi perderti se decidi di visitare Madrid. Questa città è ricca di spunti per chi ama scoprire la cultura e la storia spagnola, in quanto Madrid è ricoperta da musei che sono rinomati anche a livello internazionale, parlo ad esempio del Museo del Prado, del Museo Reina Sofia e del Museo Thyssen-Bornemisza, oltre ovviamente al Palazzo Reale di Madrid. Non finisce qui però. Infatti se sei un tipo che adora essere immerso nella natura, devi sapere che qui c'è un'area molto verde in cui potrai sentirti a tuo agio, ovvero il Parco del Buen Retiro. Inoltre, non posso evitare di consigliarti di fare un aperitivo nelle vicinanze di Plaza Major degustando le tipiche tortillas spagnole e un buon cocktail fruttato.

28. Vienna

Si sa, se si va a visitare una capitale europea, di sicuro ci si aspetta tanto dal punto di vista culturale ed artistico, in quanto le generazioni che ci hanno preceduto hanno avuto un ruolo importante in questo senso. Premesso questo, Vienna è assolutamente da visitare in quanto ogni angolo di questa città ha una particolarità culturale o architettonica e il legame che tiene uniti i cittadini di questo posto alla loro storia è visibile a colpo d'occhio. Se decidi di visitare Vienna, decidi di andare in una capitale europea caratterizzata da assoluto senso di civiltà e persone disposte ad accoglierti anche molto calorosamente, al contrario di quanto magari potresti aspettarti. Da dove iniziare? Sicuramente dal Palazzo di Hofburg, antica residenza della famiglia degli Asburgo, caratterizzata da oltre 18 enormi sale di Appartamenti Reali e dall'oro che splende ovunque. A proposito di cultura, anche il Museo di Storia dell'Arte è molto conosciuto nella città, così come il Castello di Schonbrunn, dove è presente anche un grande parco con molte statue e monumenti, e addirittura il giardino zoologico più antico d'Europa si trova proprio lì. In questa città ci sono davvero molte opere degli artisti più importanti che hanno vissuto in Europa, da Monet a Renoir, ma sicuramente la più famosa è quella di Klim, "Il bacio".

29. Berlino

Dopo Vienna, ti propongo un'altra città dove la lingua parlata ufficialmente è il tedesco, ma puoi stare tranquillo perché qui tutti conoscono bene l'inglese, e comunque non è difficile farsi capire. Berlino è un vero e proprio simbolo della storia Europa, in particolare del periodo della Seconda Guerra Mondiale, in quanto essa è stata il centro del Muro che ha diviso il nostro continente e la città stessa era divisa in due parti, anzi in 4: quella francese, quella inglese, quella americana e quella sovietica. Ma guerra a parte, sicuramente è toccante vedere cosa ne rimane, in particolare è presente un museo che oltre ad avere dei resti e dei reperti di quel periodo, ha ricreato un vero e proprio percorso sensoriale attraverso suoni, luci e rumori che ricreano la situazione dei soldati in guerra e delle loro sensazioni: il museo di cui ti sto parlando è il Judisches Museum, ma ovviamente non è l'unico a portare la memoria della guerra. Altri fondamentali luoghi commemorativi sono il Memoriale per gli Ebrei, vicino alla porta di Brandeburgo, ma anche la East Side Gallery ricoperta di graffiti e dipinti molto significativi, ma altrettanto importante è il Checkpoint Charlie. Tra le piazze più suggestive in cui spesso ci sono grandi eventi abbiamo Potsdamerplatz, Alexanderplatz e Gendarmermarkt.

30. Londra

L'emblema della multiculturalità, un grande esempio di integrazione tra popoli, la città e la capitale più grande d'Europa: Londra è una città che sicuramente devi visitare se ancora non l'hai fatto. Qui potrai davvero fare qualsiasi tipo di attività tu preferisca, perché ce n'è per tutti: dagli estesi parchi verdi per godersi il profumo del verde e gli scoiattoli che abitano gli alberi, ai palazzi reali e le cattedrali diventanti Patrimonio dell'Unesco, ai locali e alla vita notturno che mai finisce. London Bridge, l'Abbazia di Westminster, Buckingham Palace, la Torre di Londra, il Big Ben sono solo alcune delle principali attrazioni della città. Al contrario di quanto si pensa, Londra non è affatto una città per soli giovani, nonostante i ritmi frenetici e dinamici che la caratterizzano, ha comunque tantissimi spunti per vivere anche in età più avanzata, perciò se stai pensando di trasferirti all'estero e vuoi vivere una vita dinamica allora Londra potrebbe fare per te. Se ancora non l'hai imparato, sapere l'inglese non è affatto semplice, e grazie alle persone accoglienti e collaborative di questa città, non avrai sicuramente problemi a conoscere la lingua e la cultura della popolazione. Ci sono diversi tour della città, sia in autobus (i tipici bus rossi di Londra), sia in barca lungo il Tamigi. Non ti rimane che acquistare un biglietto aereo e scoprire cosa ti stai perdendo nel Nord d'Europa!

31. Atene

Se non sei un tipo da vento e freddo nordico, ti consiglio di visitare il Nord puramente in periodi caldi ed estivi, oppure potresti affidarti a differenti mete nel Sud, come ad esempio l'antica città di Atene in Grecia. Nel bel mezzo della macchia mediterranea si trova il luogo dove il mondo occidentale ha avuto inizio, dove la democrazia è nata e dove si trova la perfetta commistione tra mare, cultura e gastronomia. Atene è una città dove il peso della storia è significativo e almeno un giorno di visita se lo merita se si è nelle vicinanze, anche se con i tempi stretti, perché in realtà di cose da vedere e da fare ce ne sono molte. Un luogo simbolo di Atene è la sua Acropoli, situata ad un'altitudine tale che il tramonto è il momento perfetto per andarci e godersi un buon aperitivo o una cena a lume di candela. Uno dei quartieri più caratteristici della città è sicuramente il quartiere di Plaka, nonostante sia molto turistico, ne vale comunque la pena e qui avrai la possibilità di provare diverse specialità culinarie greche. L'agorà non è solo la piazza che si studia nei libri di storia, ma è una pizza che realmente esiste ed è il principale punto commerciale antico dove barattare era l'ordine del giorno. Anche il Tempio di Zeus, lo Stadio Panathinaiko (luogo dove ebbero luogo le primissime Olimpiadi) e il Museo Archeologico meritano sicuramente una visita degna di momenti di profonda cultura.

ESPERIENZE PARTICOLARI

32. Passeggiata lungo la Promenade des Anglais

È arrivato il momento di abbandonare le grandi capitali europee, una più ricca dell'altra, tutte da scoprire. Ci spostiamo ora nel Sud della Francia, dove la baia degli Angeli va a formare la Costa Azzurra che va a formare un paesaggio unico e difficilmente replicabile in altre aree del mondo. Una delle maggiori attrazioni della città di Nizza è la Promenade des Anglais, ovvero il "Lungomare degli Inglesi", ovvero un percorso che segue la costa e che è accessibile a tutti. In auto, in bicicletta o a piedi, fare una passeggiata lungo la costa è sicuramente un'esperienza da non perdere. Inoltre, Nizza è perfetta per godere un po' di relax in spiaggia e per divertirsi la sera nelle strade notturne dove è possibile fare shopping e ascoltare spesso concerti.

33. I Giardini di Tivoli a Copenhagen

Si ho scritto Tivoli, e sì, ho scritto a Copenhagen, in Danimarca. Come saprai o come comunque potresti immaginare, Tivoli è un nome italiano ed è un paesino arroccato non troppo lontano da Roma, ma in realtà è stato anche una grande fonte di ispirazione nella metà dell'800 per un signore danese che voleva realizzare un parco divertimenti in Danimarca. La peculiarità di questo posto è che ad oggi preserva le forme e le tradizioni di cui il parco era caratterizzato sin dalla sua apertura più di due secoli fa, infatti vanta il primato d'essere il secondo parco divertimenti più antico del mondo.

34. Attraversare il Ponte Carlo a Praga

Detto così può sembrare quasi una stupidaggine, ma attraversare il Ponte Carlo di Praga è una bella esperienza se si conosce a fondo la storia di questo ponte. Ovviamente non sarò io a spoilerarti tutto prima che tu vada a scoprirlo con i tuoi occhi, però sicuramente uno spunto per farti capire di cosa parlo te lo voglio dare. Il Ponte Carlo è uno storico ponte nella capitale della Repubblica Ceca, Praga: risale ai tempi del Sacro Romano Impero, dunque se ti dico che è stato inaugurato nel 1402 e siamo nel 2021, allora capirai tu stesso che questo ponte ha 619 anni, un primato assoluto per la sua lunghezza di più di mezzo chilometro. Certamente non andrai a Praga solo per questo, ma nella città devi sapere che gli artisti hanno avuto una grande possibilità di dare sfogo al proprio talento, dalla Casa Danzante all'Orologio

Astronomico.

35. Godersi una vacanza ad Ibiza

Non si è mai troppo vecchi per andare ad Ibiza, ricordalo! Non c'è molto da dire in realtà, c'è solo da prendere un biglietto aereo e volare: acqua cristallina, divertimento diurno e notturno e molte persone da conoscere ti aspettano.

36. Tour di Lisbona

Ti chiederai, perché proprio Lisbona, e perché proprio un tour? Aggiungo pure un numero, 28. Bene, ora sarai completamente confuso e mi starai prendendo per pazzo, ma ora ti risolvo il rebus e capirai molto bene ciò di cui sto parlando. C'è una linea di tram, la linea 28 di Lisbona, che permette di fare un tour completo della capitale portoghese. Si tratta di un mezzo di trasporto antico e pittoresco, ma assolutamente caratteristico, e grazie ad esso, avrai la possibilità di passare davanti a tutte le principali attrazioni turistiche della città.

37. Godere il tramonto da Santorini

Andiamo ora in Grecia, dove il sole è caldo e l'aria è pura e mediterranea. L'Isola di Santorini in particolare, è una delle mete turistiche greche preferite dai turisti sia nazionali che internazionali, in quanto offre dei panorami che lasciano senza parole.

38. Andare al casinò di Montecarlo

Esperienza a dir poco insolita, ma da provare almeno una volta nella vita, è quella di visitare la città del lusso e del gioco d'azzardo, dove i più esperti ravvivano le notti di Montecarlo e scommettono sul proprio futuro.

39. Goditi i canali di Amsterdam

Il miglior modo in assoluto per godersi i canali della capitale olandese è sicuramente l'utilizzo della bicicletta. I Paesi Bassi sono una delle aree più ecologiche del nostro continente, infatti la maggior parte delle persone evita le automobili e sfrutta le migliaia di piste ciclabili che costeggiano ogni singola strada. Amsterdam è una città per la cultura, l'arte e il divertimento, dunque non hai proprio nulla da perdere!

40. Scopri Park Guell a Barcellona

Non è la capitale spagnola, ma Barcellona vanta sicuramente un gran numero di presenze turistiche ogni anno per quanto essa ha da offrire. C'è stato un artista in particolare che ha lasciato il proprio segno in ogni angolo della città, e sto parlando di Antoni Gaudi, ad esempio Park Guell fa pensare a lui; si tratta di un enorme parco nella città che rappresenta il modernismo catalano a 360 gradi.

41. Rilassati alle Terme di Bucarest

Le terme più grandi d'Europa si trovano proprio a Bucarest, in Romania. È un'ottima destinazione in ogni periodo dell'anno, in quanto in estate puoi goderti l'intero parco in serenità, ma in inverno diventa una vera e propria magia: le terme esterne sono calde ed emanano vapore che con le luci notturne creano un'atmosfera a dir poco meravigliosa.

42. Sorvola la Cappadocia in mongolfiera

Una delle esperienze più belle che puoi fare senza andare dall'altra parte del mondo, è sicuramente fare un tour in mongolfiera in Turchia, più precisamente in Cappadocia. Negli ultimi molti video di questi tour sono spopolati sui social e ormai tutti vogliono andarci, manchi solo tu!

43. Esplora Stonehenge

Il più imponente e antico circolo di pietra ti aspetta in Inghilterra, dove l'uomo del neolitico è riuscito a creare un complesso incredibilmente perfetto dal punto di vista astrologico. Ancora oggi è un luogo molto studiato e le ipotesi su come sia stato realizzato sono numerose.

44. Scopri la bellezza della Valle della Loira

È una valle magica quella in cui si trovano molti castelli famosi in tutto il mondo, la Valle della Loira è anche nota per essere ricoperta di fortezze medioevali e circondata da giardini monumentali in cui re, artisti e poeti hanno vissuto nei secoli scorsi. Questo sito fa parte del

Patrimonio Unesco ovviamente, dunque non perdere tempo e scopri di cosa si tratta!

45. Vai al lago di Loch Ness

Non è solo una leggenda, ma il lago Ness esiste davvero e si trova in Scozia. Si dice che cui ci abbia vissuto per molti anni Nessie, un mostro che spaventava i pescatori; oggi è possibile visitarlo e vivere un'esperienza unica grazie alla crociera sul lago o alla passeggiata che lo circonda, caratterizzata da piccole aree verde molto suggestive, dalle quali si può anche godere di panorami mozzafiato.

46. Fai un viaggio nella Lapponia svedese

La magia delle aurore boreali, l'accoglienza della popolazione dei Sami e il sole di mezzanotte esistono per davvero, e devi andare in Lapponia per scoprirlo. Oltre a queste fantastiche attività, anche guidare una motoslitta o fare un'escursione guidati dagli Husky è da fare!

47. Fai un bagno nella Laguna Blu

Per rimanere in tema freddo e neve, andando ancora più verso il Polo Nord, troviamo l'Islanda che attrae ogni anno molti turisti grazie alla famosa Laguna Blu, un'area lacustre ricca di zolfo e silice che permettono di rilassare il tuo corpo e farti godere l'acqua termale.

48. Abbronzati a Pola

Andiamo dal freddo estremo al caldo mediterraneo, dove

l'acqua cristallina e la spiaggia ciottolosa di Pola di stupiranno. Questa città si affaccia sul mare dell'Istria ed è famosa per il mare azzurro che la contraddistingue e per l'area urbana molto vivace nel periodo estivo.

49. Visita la città di Mozart

Mozart, il celebre compositore e musicista austriaco, ha vissuto per molto tempo nella città di Salisburgo, dove oggi molti turistici vengono attratti grazie alla Fortezza di Salisburgo. È un vero e proprio centro di intrattenimento oggi, grazie ai numerosi eventi che prendono piede proprio all'interno di questa area.

50. Trascorri un weekend in Svizzera

Siamo ormai alla fine di questo percorso, e come ultimo consiglio ti offro la Svizzera, la nostra vicina di casa. Sì, è vicina ma ha davvero tanto da offrire, soprattutto se sei un amante della montagna. Ad esempio, Berna è il luogo perfetta e rappresenta la commistione bilanciata tra laghi e monti, dove la temperatura è ottima per un pic-nic sulle rive.

CONCLUSIONI

Caro pensionato,

spero che questa guida ti possa essere utile per ogni tua giornata dal momento in cui ti ritrovi ad essere in questa particolare fase della vita. Ricorda quello che ti dissi all'inizio: niente è finito, ma sicuramente qualcosa di bello è cominciato! Qui avrai trovato molti spunti che fanno per te, da 50 cose da fare a 50 posti da vedere, sia in Italia che in Europa.

Mi raccomando, non perderti mai d'animo qualsiasi cosa succeda e affronta sempre la vita con il sorriso e con un forte senso di intraprendenza, grazie al quale potrai andare ancora molto avanti nella vita!

Impegna ogni giorno nelle attività che più ti appassionano, dalla visita del tuo amato cantiere alla passeggiata con il tuo animale da compagnia. Ora di tempo a disposizione ne avrai molto, dunque pensa bene a come sfruttarlo al massimo e come goderti ogni singolo attimo perché sia unico e memorabile.

*Dallo stesso autore Mao Tze Tze: la Collana "**Cose da Fare**" Canale Instagram cose_da_fare (contattaci in privato per ricevere i nostri prodotti gratis e in anteprima, o scrivi a granmaestromaotzetze@gmail.com)*

Cose da fare mentre fai la cacca

Cose da fare se sei impiegato statale

Cose da fare mentre il tuo partner dorme

Cose da fare tra una pandemia e l'altra

Cose da fare mentre aspetti il vaccino

Cose da fare invece di mandare qualcuno a cagare

Cose da fare mentre fai la cacca: Dissenteria Edition

Cose da fare mentre fai la cacca: Stitichezza Edition

Cose da fare per un Sesso Stellare: Coupon Erotici per Situazioni Piccanti, Uniche e Divertenti da Fare in Coppia

Quaderno delle Password: Siamo Spiacenti, la Password Deve Contenere Almeno una Lettera Maiuscola, un Numero, un Geroglifico, un Segreto di Fatima, un Pokémon Leggendario e una Fetta di Culo

Il Vaffanculo del Giorno: il Vincitore è...: Diario del Vaffanculo Quotidiano. Manda a Fanculo chi se lo Merita, Ringrazia chi ti Aiuta, Impara la Lezione... e Perdona (Forse)

Scoreggiare meglio: Quando il Culo è Avvezzo al Peto, non si può Tenerlo Cheto! La Miglior Guida al Peto Perfetto. Darsi delle Arie, come Nessuno ha Mai Fatto Prima

Cose da Fare Sotto l'Ombrellone

Printed by Amazon Italia Logistica S.r.l.
Torrazza Piemonte (TO), Italy

53809285R00047